50 Recetas de Galletas Para Siempre

Por: Kelly Johnson

Table of Contents

- Galletas clásicas de mantequilla
- Galletas con chispas de chocolate
- Galletas de avena y pasas
- Galletas de jengibre
- Galletas de almendra
- Galletas de limón glaseadas
- Galletas de nuez
- Galletas de coco rallado
- Galletas de azúcar con formas
- Galletas rellenas de Nutella
- Galletas de chocolate doble
- Galletas de canela
- Galletas de avena y chocolate
- Galletas de crema de cacahuate
- Galletas con mermelada en el centro
- Galletas de vainilla
- Galletas saladas con queso

- Galletas de pistacho
- Galletas de chocolate blanco
- Galletas de calabaza
- Galletas de té verde
- Galletas decoradas con glasa
- Galletas de café
- Galletas crujientes de arroz inflado
- Galletas de chispas tricolores
- Galletas de caramelo
- Galletas de avena y manzana
- Galletas integrales con miel
- Galletas de cacao y menta
- Galletas de arándanos secos
- Galletas de mantequilla y almendras
- Galletas con trozos de brownie
- Galletas de avena sin azúcar
- Galletas de chocolate y avellanas
- Galletas marmoleadas
- Galletas de leche condensada

- Galletas de fresa deshidratada
- Galletas de maicena
- Galletas crujientes de coco
- Galletas de queso crema
- Galletas rellenas de dulce de leche
- Galletas de turrón
- Galletas de lavanda
- Galletas de chocolate y naranja
- Galletas de harina de almendra
- Galletas sin gluten de avena
- Galletas de avena y zanahoria
- Galletas de cereza
- Galletas red velvet
- Galletas navideñas de especias

Galletas clásicas de mantequilla

Ingredientes:

- 250 g de mantequilla
- 125 g de azúcar glass
- 1 huevo
- 350 g de harina
- 1 cdita de esencia de vainilla

Preparación:

1. Bate la mantequilla con el azúcar hasta que esté cremosa.
2. Añade el huevo y la vainilla.
3. Incorpora la harina poco a poco.
4. Forma bolitas, aplana y hornea a 180 °C por 12-15 min.

Galletas con chispas de chocolate

Ingredientes:

- 200 g de mantequilla
- 150 g de azúcar morena
- 100 g de azúcar blanca
- 2 huevos
- 1 cdita de esencia de vainilla
- 350 g de harina
- 1 cdita de bicarbonato
- 200 g de chispas de chocolate

Preparación:

1. Mezcla mantequilla y azúcares. Añade huevos y vainilla.
2. Incorpora la harina y el bicarbonato.
3. Agrega las chispas.
4. Forma galletas y hornea a 180 °C por 10-12 min.

Galletas de avena y pasas

Ingredientes:

- 150 g de mantequilla
- 150 g de azúcar morena
- 1 huevo
- 100 g de harina
- 1/2 cdita de canela
- 1/2 cdita de bicarbonato
- 150 g de avena en hojuelas
- 100 g de pasas

Preparación:

1. Bate mantequilla y azúcar, añade el huevo.
2. Mezcla los secos e incorpóralos.
3. Agrega avena y pasas.
4. Hornea a 180 °C por 12-15 min.

Galletas de jengibre

Ingredientes:

- 100 g de mantequilla
- 100 g de azúcar morena
- 1 huevo
- 300 g de harina
- 2 cditas de jengibre en polvo
- 1 cdita de canela
- 1/2 cdita de clavo molido
- 1/2 cdita de bicarbonato

Preparación:

1. Bate mantequilla con azúcar y huevo.
2. Mezcla los ingredientes secos y añade.
3. Estira y corta con moldes.
4. Hornea a 180 °C por 10-12 min.

Galletas de almendra

Ingredientes:

- 200 g de harina de almendra
- 1 huevo
- 100 g de azúcar
- 1/2 cdita de esencia de vainilla

Preparación:

1. Mezcla todos los ingredientes.
2. Forma pequeñas bolas y aplana.
3. Hornea a 180 °C por 12 min.

Galletas de limón glaseadas

Ingredientes:

- 100 g de mantequilla
- 80 g de azúcar
- 1 huevo
- Ralladura de 1 limón
- 200 g de harina

Para el glaseado:

- 100 g de azúcar glass
- 2 cdas de jugo de limón

Preparación:

1. Mezcla mantequilla, azúcar, huevo y ralladura.
2. Añade la harina y forma galletas.
3. Hornea a 180 °C por 10-12 min.
4. Glasea cuando enfríen.

Galletas de nuez

Ingredientes:

- 200 g de mantequilla
- 100 g de azúcar
- 250 g de harina
- 100 g de nueces picadas

Preparación:

1. Bate mantequilla con azúcar.
2. Añade la harina y luego las nueces.
3. Forma bolitas y hornea a 180 °C por 12-15 min.

Galletas de coco rallado

Ingredientes:

- 100 g de mantequilla
- 100 g de azúcar
- 1 huevo
- 200 g de coco rallado
- 50 g de harina

Preparación:

1. Mezcla mantequilla, azúcar y huevo.
2. Agrega coco y harina.
3. Forma montoncitos y hornea a 180 °C por 12-14 min.

Galletas de azúcar con formas

Ingredientes:

- 200 g de mantequilla
- 200 g de azúcar
- 1 huevo
- 1 cdita de vainilla
- 350 g de harina
- Decoraciones al gusto

Preparación:

1. Bate mantequilla, azúcar y huevo. Añade vainilla.
2. Incorpora la harina y enfría la masa.
3. Estira, corta formas y hornea a 180 °C por 10 min.
4. Decora al gusto.

Galletas rellenas de Nutella

Ingredientes:

- 2 tazas de harina
- 1/2 taza de azúcar
- 1 taza de mantequilla a temperatura ambiente
- 1 huevo
- 1 cucharadita de esencia de vainilla
- Nutella para rellenar

Preparación:

1. Mezcla la mantequilla con el azúcar hasta obtener una crema.
2. Añade el huevo y la vainilla, mezcla bien.
3. Agrega la harina poco a poco hasta formar una masa homogénea.
4. Forma bolitas con la masa, haz un hueco en el centro y rellena con Nutella.
5. Cierra la bolita y colócala en una bandeja para hornear con papel vegetal.
6. Hornea a 180 °C durante 12-15 minutos. Deja enfriar antes de servir.

Galletas de chocolate doble

Ingredientes:

- 2 tazas de harina
- 1/2 taza de cacao en polvo
- 1 taza de azúcar
- 1 taza de mantequilla
- 2 huevos
- 1 cucharadita de polvo de hornear
- 1 taza de chispas de chocolate

Preparación:

1. Bate la mantequilla con el azúcar hasta cremar.
2. Añade los huevos uno a uno y mezcla bien.
3. Incorpora la harina, el cacao y el polvo de hornear tamizados.
4. Agrega las chispas de chocolate y mezcla suavemente.
5. Forma bolitas y colócalas en una bandeja con papel para hornear.
6. Hornea a 180 °C por 12-14 minutos.

Galletas de canela

Ingredientes:

- 2 tazas de harina
- 1 taza de azúcar moreno
- 1 taza de mantequilla
- 1 huevo
- 2 cucharaditas de canela en polvo
- 1 cucharadita de polvo de hornear

Preparación:

1. Mezcla la mantequilla con el azúcar moreno hasta que esté cremosa.
2. Añade el huevo y bate bien.
3. Incorpora la harina, la canela y el polvo de hornear. Mezcla hasta integrar.
4. Forma bolitas y aplánalas ligeramente.
5. Coloca en bandeja con papel vegetal y hornea a 180 °C por 10-12 minutos.

Galletas de avena y chocolate

Ingredientes:

- 1 taza de harina
- 1 taza de avena
- 1/2 taza de azúcar moreno
- 1/2 taza de mantequilla
- 1 huevo
- 1 cucharadita de polvo de hornear
- 1 taza de chispas de chocolate

Preparación:

1. Bate la mantequilla con el azúcar hasta que esté cremosa.
2. Añade el huevo y mezcla.
3. Incorpora la harina, la avena y el polvo de hornear.
4. Añade las chispas de chocolate y mezcla.
5. Forma bolitas y colócalas en la bandeja.
6. Hornea a 180 °C por 12-15 minutos.

Galletas de crema de cacahuate

Ingredientes:

- 1 taza de mantequilla de cacahuate
- 1 taza de azúcar
- 1 huevo
- 1 cucharadita de polvo de hornear
- 1 taza de harina

Preparación:

1. Mezcla la mantequilla de cacahuate con el azúcar.
2. Añade el huevo y bate bien.
3. Incorpora el polvo de hornear y la harina.
4. Forma bolitas y aplánalas con un tenedor haciendo un dibujo cruzado.
5. Hornea a 180 °C por 10-12 minutos.

Galletas con mermelada en el centro

Ingredientes:

- 2 tazas de harina
- 1 taza de azúcar
- 1 taza de mantequilla
- 1 huevo
- Mermelada al gusto

Preparación:

1. Bate la mantequilla con el azúcar.
2. Añade el huevo y mezcla.
3. Incorpora la harina hasta formar una masa suave.
4. Forma bolitas, haz un hueco en el centro y pon una cucharadita de mermelada.
5. Hornea a 180 °C por 12 minutos.

Galletas de vainilla

Ingredientes:

- 2 tazas de harina
- 1 taza de azúcar
- 1 taza de mantequilla
- 1 huevo
- 1 cucharadita de esencia de vainilla

Preparación:

1. Bate la mantequilla con el azúcar hasta cremar.
2. Añade el huevo y la esencia de vainilla.
3. Incorpora la harina y mezcla hasta formar una masa.
4. Forma bolitas y colócalas en bandeja.
5. Hornea a 180 °C por 10-12 minutos.

Galletas saladas con queso

Ingredientes:

- 2 tazas de harina
- 1 taza de queso rallado (tipo cheddar o parmesano)
- 1/2 taza de mantequilla
- 1 huevo
- 1/2 cucharadita de sal

Preparación:

1. Mezcla la mantequilla con el queso rallado y la sal.
2. Añade el huevo y mezcla.
3. Incorpora la harina y forma una masa.
4. Extiende la masa y corta en formas.
5. Hornea a 180 °C por 12-15 minutos.

Galletas de pistacho

Ingredientes:

- 2 tazas de harina
- 1 taza de mantequilla
- 3/4 taza de azúcar
- 1 huevo
- 1 taza de pistachos picados
- 1 cucharadita de esencia de vainilla

Preparación:

1. Bate la mantequilla con el azúcar.
2. Añade el huevo y la vainilla.
3. Incorpora la harina y mezcla.
4. Añade los pistachos picados.
5. Forma bolitas y hornea a 180 °C por 12-15 minutos.

Galletas de chocolate blanco

Ingredientes:

- 2 tazas de harina
- 1 taza de mantequilla a temperatura ambiente
- 3/4 taza de azúcar
- 1 huevo
- 1 taza de chocolate blanco picado o en gotas
- 1 cucharadita de esencia de vainilla
- 1/2 cucharadita de polvo de hornear

Preparación:

1. Bate la mantequilla con el azúcar hasta obtener una mezcla cremosa.
2. Añade el huevo y la vainilla, mezcla bien.
3. Incorpora la harina y el polvo de hornear tamizados poco a poco.
4. Agrega el chocolate blanco picado y mezcla suavemente.
5. Forma bolitas y colócalas en una bandeja con papel para hornear.
6. Hornea a 180 °C por 12-15 minutos.

Galletas de calabaza

Ingredientes:

- 2 tazas de harina
- 1 taza de puré de calabaza cocida
- 1/2 taza de azúcar moreno
- 1/2 taza de mantequilla
- 1 huevo
- 1 cucharadita de canela en polvo
- 1/2 cucharadita de jengibre en polvo
- 1/2 cucharadita de polvo de hornear

Preparación:

1. Bate la mantequilla con el azúcar hasta cremar.
2. Añade el huevo y el puré de calabaza, mezcla bien.
3. Incorpora la harina, las especias y el polvo de hornear. Mezcla hasta formar una masa homogénea.
4. Forma bolitas y colócalas en una bandeja.
5. Hornea a 180 °C por 12-15 minutos.

Galletas de té verde (matcha)

Ingredientes:

- 2 tazas de harina
- 1 cucharada de polvo de té verde matcha
- 1 taza de mantequilla
- 3/4 taza de azúcar
- 1 huevo
- 1/2 cucharadita de polvo de hornear

Preparación:

1. Bate la mantequilla con el azúcar hasta cremar.
2. Añade el huevo y mezcla.
3. Tamiza la harina con el polvo de matcha y polvo de hornear, incorpora a la mezcla.
4. Forma bolitas y colócalas en una bandeja para hornear.
5. Hornea a 180 °C durante 12-15 minutos.

Galletas decoradas con glasa

Ingredientes para las galletas:

- 2 tazas de harina
- 1 taza de mantequilla
- 3/4 taza de azúcar
- 1 huevo
- 1 cucharadita de esencia de vainilla

Ingredientes para la glasa:

- 1 clara de huevo
- 1 taza de azúcar glas
- Colorantes alimentarios al gusto

Preparación:

1. Prepara las galletas batiendo mantequilla y azúcar, añade huevo y vainilla.
2. Incorpora la harina hasta formar una masa.
3. Extiende la masa y corta con moldes.
4. Hornea a 180 °C por 10-12 minutos.
5. Para la glasa, bate la clara y añade azúcar glas poco a poco hasta obtener una consistencia firme.
6. Divide la glasa y añade colorantes para decorar las galletas una vez frías.

Galletas de café

Ingredientes:

- 2 tazas de harina
- 1 taza de mantequilla
- 3/4 taza de azúcar
- 1 huevo
- 1 cucharada de café instantáneo disuelto en 1 cucharada de agua caliente
- 1/2 cucharadita de polvo de hornear

Preparación:

1. Bate la mantequilla con el azúcar hasta cremar.
2. Añade el huevo y el café disuelto, mezcla bien.
3. Incorpora la harina y polvo de hornear tamizados.
4. Forma bolitas y hornea a 180 °C por 12-15 minutos.

Galletas crujientes de arroz inflado

Ingredientes:

- 1 1/2 tazas de harina
- 1 taza de mantequilla
- 3/4 taza de azúcar
- 1 huevo
- 1 taza de arroz inflado
- 1/2 cucharadita de polvo de hornear

Preparación:

1. Bate la mantequilla con el azúcar hasta cremar.
2. Añade el huevo y mezcla.
3. Incorpora la harina y polvo de hornear tamizados.
4. Añade el arroz inflado y mezcla suavemente.
5. Forma bolitas y hornea a 180 °C por 12-15 minutos.

Galletas de chispas tricolores

Ingredientes:

- 2 tazas de harina
- 1 taza de mantequilla
- 3/4 taza de azúcar
- 1 huevo
- 1 taza de chispas de chocolate (mezcla de chocolate blanco, con leche y chocolate oscuro)
- 1/2 cucharadita de polvo de hornear

Preparación:

1. Bate la mantequilla con el azúcar hasta cremar.
2. Añade el huevo y mezcla.
3. Incorpora la harina y polvo de hornear.
4. Añade las chispas de chocolate tricolor y mezcla.
5. Hornea a 180 °C por 12-15 minutos.

Galletas de caramelo

Ingredientes:

- 2 tazas de harina
- 1 taza de mantequilla
- 3/4 taza de azúcar moreno
- 1 huevo
- 1 taza de trozos de caramelo o dulce de leche
- 1/2 cucharadita de polvo de hornear

Preparación:

1. Bate la mantequilla con el azúcar moreno hasta cremar.
2. Añade el huevo y mezcla.
3. Incorpora la harina y polvo de hornear.
4. Añade los trozos de caramelo y mezcla suavemente.
5. Hornea a 180 °C por 12-15 minutos.

Galletas de avena y manzana

Ingredientes:

- 1 taza de harina
- 1 taza de avena
- 1/2 taza de azúcar moreno
- 1/2 taza de mantequilla
- 1 huevo
- 1 manzana rallada
- 1/2 cucharadita de canela en polvo
- 1/2 cucharadita de polvo de hornear

Preparación:

1. Bate la mantequilla con el azúcar hasta cremar.
2. Añade el huevo y mezcla.
3. Incorpora la harina, avena, canela y polvo de hornear.
4. Añade la manzana rallada y mezcla.
5. Forma bolitas y hornea a 180 °C por 12-15 minutos.

Galletas integrales con miel

Ingredientes:

- 1 1/2 tazas de harina integral
- 1/2 taza de harina de trigo
- 1/2 taza de mantequilla
- 1/2 taza de miel
- 1 huevo
- 1/2 cucharadita de polvo de hornear
- 1/2 cucharadita de canela (opcional)

Preparación:

1. Bate la mantequilla con la miel hasta integrar bien.
2. Añade el huevo y mezcla.
3. Incorpora las harinas, polvo de hornear y canela.
4. Forma una masa homogénea, forma bolitas y colócalas en la bandeja.
5. Hornea a 180 °C por 12-15 minutos.

Galletas de cacao y menta

Ingredientes:

- 2 tazas de harina
- 1/2 taza de cacao en polvo sin azúcar
- 1 taza de mantequilla
- 3/4 taza de azúcar
- 1 huevo
- 1/2 cucharadita de extracto de menta
- 1/2 cucharadita de polvo de hornear

Preparación:

1. Bate la mantequilla con el azúcar hasta cremar.
2. Añade el huevo y el extracto de menta.
3. Tamiza la harina con el cacao y polvo de hornear.
4. Mezcla todo hasta formar una masa homogénea.
5. Forma bolitas y hornea a 180 °C durante 12-15 minutos.

Galletas de arándanos secos

Ingredientes:

- 2 tazas de harina
- 1 taza de mantequilla
- 3/4 taza de azúcar
- 1 huevo
- 1 taza de arándanos secos
- 1/2 cucharadita de polvo de hornear

Preparación:

1. Bate la mantequilla con el azúcar.
2. Añade el huevo y mezcla.
3. Incorpora la harina y polvo de hornear tamizados.
4. Añade los arándanos secos y mezcla.
5. Forma bolitas y hornea a 180 °C por 12-15 minutos.

Galletas de mantequilla y almendras

Ingredientes:

- 2 tazas de harina
- 1 taza de mantequilla
- 3/4 taza de azúcar
- 1 huevo
- 1 taza de almendras picadas
- 1/2 cucharadita de polvo de hornear

Preparación:

1. Bate la mantequilla con el azúcar.
2. Añade el huevo y mezcla.
3. Incorpora la harina y polvo de hornear tamizados.
4. Añade las almendras picadas y mezcla.
5. Forma bolitas y hornea a 180 °C durante 12-15 minutos.

Galletas con trozos de brownie

Ingredientes:

- 2 tazas de harina
- 1 taza de mantequilla
- 3/4 taza de azúcar
- 1 huevo
- 1 taza de trozos de brownie (previamente horneado)
- 1/2 cucharadita de polvo de hornear

Preparación:

1. Bate la mantequilla con el azúcar.
2. Añade el huevo y mezcla.
3. Incorpora la harina y polvo de hornear.
4. Añade los trozos de brownie y mezcla suavemente.
5. Hornea a 180 °C durante 12-15 minutos.

Galletas de avena sin azúcar

Ingredientes:

- 2 tazas de avena
- 1 taza de puré de plátano maduro (endulzante natural)
- 1/4 taza de mantequilla o aceite de coco
- 1 huevo
- 1/2 cucharadita de polvo de hornear
- 1 cucharadita de canela (opcional)

Preparación:

1. Mezcla el puré de plátano con la mantequilla y el huevo.
2. Añade la avena, polvo de hornear y canela.
3. Forma bolitas y coloca en bandeja.
4. Hornea a 180 °C por 10-12 minutos.

Galletas de chocolate y avellanas

Ingredientes:

- 2 tazas de harina
- 1 taza de mantequilla
- 3/4 taza de azúcar
- 1 huevo
- 1 taza de avellanas picadas
- 1 taza de chispas de chocolate
- 1/2 cucharadita de polvo de hornear

Preparación:

1. Bate la mantequilla con el azúcar.
2. Añade el huevo y mezcla.
3. Incorpora la harina y polvo de hornear.
4. Añade las avellanas y chispas de chocolate, mezcla.
5. Hornea a 180 °C durante 12-15 minutos.

Galletas marmoleadas

Ingredientes:

- 2 tazas de harina
- 1 taza de mantequilla
- 3/4 taza de azúcar
- 2 huevos
- 1 cucharadita de esencia de vainilla
- 1/4 taza de cacao en polvo
- 1/2 cucharadita de polvo de hornear

Preparación:

1. Bate la mantequilla con el azúcar hasta cremar.
2. Añade los huevos y la vainilla.
3. Incorpora la harina y polvo de hornear tamizados.
4. Divide la masa en dos partes. En una mezcla el cacao en polvo.
5. En un molde, alterna cucharadas de masa blanca y de masa con cacao para crear el efecto marmoleado.
6. Hornea a 180 °C durante 12-15 minutos.

Galletas de leche condensada

Ingredientes:

- 2 tazas de harina
- 1 lata (400 g) de leche condensada
- 100 g de mantequilla
- 1 cucharadita de polvo de hornear

Preparación:

1. Bate la mantequilla hasta que esté cremosa.
2. Añade la leche condensada y mezcla bien.
3. Incorpora la harina y el polvo de hornear poco a poco hasta formar una masa suave.
4. Forma bolitas, colócalas en una bandeja para horno y aplástalas ligeramente.
5. Hornea a 180 °C por 12-15 minutos o hasta que estén doradas.

Galletas de fresa deshidratada

Ingredientes:

- 2 tazas de harina
- 150 g de mantequilla
- 3/4 taza de azúcar
- 1 huevo
- 1/2 taza de fresas deshidratadas picadas
- 1/2 cucharadita de polvo de hornear

Preparación:

1. Bate la mantequilla con el azúcar hasta obtener una mezcla cremosa.
2. Añade el huevo y mezcla.
3. Incorpora la harina y el polvo de hornear tamizados.
4. Añade las fresas deshidratadas y mezcla suavemente.
5. Forma bolitas y hornea a 180 °C durante 12-15 minutos.

Galletas de maicena

Ingredientes:

- 1 taza de maicena
- 1 taza de harina
- 150 g de mantequilla
- 3/4 taza de azúcar glas
- 1 huevo
- 1 cucharadita de esencia de vainilla

Preparación:

1. Bate la mantequilla con el azúcar glas.
2. Añade el huevo y la esencia de vainilla, mezcla bien.
3. Incorpora la harina y la maicena tamizadas poco a poco.
4. Forma una masa suave, extiéndela y corta las galletas con moldes.
5. Hornea a 180 °C por 12 minutos o hasta que estén ligeramente doradas.

Galletas crujientes de coco

Ingredientes:

- 2 tazas de harina
- 1 taza de coco rallado
- 150 g de mantequilla
- 3/4 taza de azúcar
- 1 huevo
- 1/2 cucharadita de polvo de hornear

Preparación:

1. Bate la mantequilla con el azúcar hasta cremar.
2. Añade el huevo y mezcla.
3. Incorpora la harina, polvo de hornear y el coco rallado.
4. Forma bolitas y aplástalas ligeramente.
5. Hornea a 180 °C por 12-15 minutos.

Galletas de queso crema

Ingredientes:

- 2 tazas de harina
- 125 g de mantequilla
- 125 g de queso crema
- 3/4 taza de azúcar
- 1 cucharadita de esencia de vainilla

Preparación:

1. Bate la mantequilla, el queso crema y el azúcar hasta obtener una mezcla cremosa.
2. Añade la esencia de vainilla y mezcla.
3. Incorpora la harina poco a poco hasta formar una masa suave.
4. Forma bolitas, colócalas en una bandeja y aplástalas ligeramente.
5. Hornea a 180 °C durante 12-15 minutos.

Galletas rellenas de dulce de leche

Ingredientes:

- 2 tazas de harina
- 150 g de mantequilla
- 3/4 taza de azúcar
- 1 huevo
- Dulce de leche para rellenar
- 1/2 cucharadita de polvo de hornear

Preparación:

1. Bate la mantequilla con el azúcar.
2. Añade el huevo y mezcla bien.
3. Incorpora la harina y polvo de hornear hasta formar una masa.
4. Forma bolitas pequeñas, haz un hueco en el centro y rellena con dulce de leche.
5. Cierra y hornea a 180 °C por 12-15 minutos.

Galletas de turrón

Ingredientes:

- 2 tazas de harina
- 150 g de mantequilla
- 3/4 taza de azúcar
- 1 huevo
- 100 g de turrón picado
- 1/2 cucharadita de polvo de hornear

Preparación:

1. Bate la mantequilla con el azúcar.
2. Añade el huevo y mezcla.
3. Incorpora la harina y polvo de hornear.
4. Añade el turrón picado y mezcla suavemente.
5. Forma bolitas y hornea a 180 °C durante 12-15 minutos.

Galletas de lavanda

Ingredientes:

- 2 tazas de harina
- 150 g de mantequilla
- 3/4 taza de azúcar
- 1 huevo
- 1 cucharadita de flores de lavanda secas (comestibles)
- 1/2 cucharadita de polvo de hornear

Preparación:

1. Bate la mantequilla con el azúcar.
2. Añade el huevo y mezcla.
3. Incorpora la harina, polvo de hornear y flores de lavanda.
4. Forma bolitas y hornea a 180 °C durante 12-15 minutos.

Galletas de chocolate y naranja

Ingredientes:

- 2 tazas de harina
- 1/2 taza de cacao en polvo
- 150 g de mantequilla
- 3/4 taza de azúcar
- 1 huevo
- Ralladura de una naranja
- 1/2 cucharadita de polvo de hornear

Preparación:

1. Bate la mantequilla con el azúcar hasta cremar.
2. Añade el huevo y la ralladura de naranja, mezcla.
3. Incorpora la harina, cacao y polvo de hornear tamizados.
4. Forma bolitas y hornea a 180 °C por 12-15 minutos.

Galletas de harina de almendra

Ingredientes:

- 2 tazas de harina de almendra
- 1/4 taza de azúcar
- 1 huevo
- 1 cucharadita de extracto de vainilla
- 1/4 cucharadita de sal

Preparación:

1. Precalienta el horno a 175 °C.
2. En un bol, mezcla la harina de almendra, el azúcar y la sal.
3. Añade el huevo y el extracto de vainilla y mezcla hasta obtener una masa homogénea.
4. Forma bolitas y colócalas en una bandeja con papel de horno.
5. Aplasta ligeramente cada bolita y hornea por 10-12 minutos o hasta que estén doradas.

Galletas sin gluten de avena

Ingredientes:

- 2 tazas de avena sin gluten molida
- 1/2 taza de azúcar moreno
- 1 huevo
- 1/4 taza de aceite de coco o mantequilla derretida
- 1 cucharadita de polvo de hornear
- 1 cucharadita de canela (opcional)

Preparación:

1. Precalienta el horno a 180 °C.
2. Mezcla la avena molida con el azúcar, polvo de hornear y canela.
3. Añade el huevo y el aceite de coco, mezcla bien.
4. Forma pequeñas bolitas y colócalas en una bandeja.
5. Hornea 12-15 minutos hasta que estén firmes y ligeramente doradas.

Galletas de avena y zanahoria

Ingredientes:

- 1 taza de harina integral
- 1 taza de avena en hojuelas
- 1 taza de zanahoria rallada
- 1/2 taza de azúcar moreno
- 1/2 taza de aceite vegetal
- 1 huevo
- 1 cucharadita de canela
- 1/2 cucharadita de polvo de hornear

Preparación:

1. Precalienta el horno a 180 °C.
2. Mezcla harina, avena, azúcar, canela y polvo de hornear.
3. En otro bol bate el huevo con el aceite.
4. Añade la mezcla seca y luego la zanahoria rallada.
5. Forma bolitas, colócalas en la bandeja y aplástalas ligeramente.
6. Hornea por 12-15 minutos.

Galletas de cereza

Ingredientes:

- 2 tazas de harina
- 1/2 taza de mantequilla
- 3/4 taza de azúcar
- 1 huevo
- 1/2 taza de cerezas secas picadas
- 1 cucharadita de polvo de hornear

Preparación:

1. Precalienta el horno a 180 °C.
2. Bate la mantequilla con el azúcar hasta obtener una crema.
3. Añade el huevo y mezcla bien.
4. Incorpora la harina y polvo de hornear.
5. Añade las cerezas picadas y mezcla.
6. Forma bolitas y hornea 12-15 minutos.

Galletas red velvet

Ingredientes:

- 2 tazas de harina
- 1/4 taza de cacao en polvo
- 1 taza de azúcar
- 1/2 taza de mantequilla
- 1 huevo
- 1 cucharadita de esencia de vainilla
- 1 cucharadita de vinagre blanco
- 1 cucharadita de bicarbonato de sodio
- 2 cucharadas de colorante rojo

Preparación:

1. Precalienta el horno a 180 °C.
2. Bate la mantequilla con el azúcar hasta que esté cremosa.
3. Añade el huevo y la vainilla, mezcla bien.
4. Agrega el vinagre y el bicarbonato, luego la harina y cacao tamizados.
5. Añade el colorante rojo y mezcla hasta integrar.
6. Forma bolitas y hornea 12-15 minutos.

Galletas navideñas de especias

Ingredientes:

- 2 tazas de harina
- 1/2 taza de mantequilla
- 3/4 taza de azúcar moreno
- 1 huevo
- 1 cucharadita de canela
- 1/2 cucharadita de jengibre en polvo
- 1/4 cucharadita de clavo molido
- 1/4 cucharadita de nuez moscada
- 1/2 cucharadita de polvo de hornear

Preparación:

1. Precalienta el horno a 180 °C.
2. Bate la mantequilla con el azúcar hasta que esté cremosa.
3. Añade el huevo y mezcla bien.
4. Incorpora la harina, polvo de hornear y las especias.
5. Forma bolitas y aplástalas un poco.
6. Hornea 12-15 minutos hasta que estén firmes.